koulu - makaranta 2
matka - bulaguro 5
kuljetus - abin hawa 8
kaupunki - birni 10
maisema - fadin kasa 14
ravintola - gidan abinci 17
supermarketti - babban kanti 20
juomat - kayan sha 22
ruoka - abinci 23
maatila - gona 27
talo - gida 31
olohuone - falo 33
keittiö - kicin 35
kylpyhuone - dakin wanka 38
lastenhuone - dakin yaro 42
vaatteet - tufafi 44
toimisto - ofis 49
talous - tattalin arziki 51
ammatit - sana'o'i 53
työkalut - kayan aiki 56
soittimet - kayan kida 57
eläintarha - gidan namun daji 59
urheilu - wasanni 62
aktiviteetit - harkoki 63
perhe - iyali 67
vartalo - jiki 68
sairaala - asibiti 72
hätätilanne - na gaggawa 76
maa - Kasa 77
kello - agogo 79
viikko - mako 80
vuosi - shekara 81
muodot - siffofi 83
värit - launuka 84
vastakohdat - kishiyoyi 85
numerot - lambobi 88
kielet - yaruka 90
kuka / mitä / miten - wa / me / ya ya 91
missä - ina 92

AF189299

Impressum
Verlag: BABADADA GmbH, Nedderfeld 112 , 22529 Hamburg
Geschäftsführer / Verlagsleitung: Harald Hof
Druck: Books on Demand GmbH, In de Tarpen 42, 22848 Norderstedt

Imprint
Publisher: BABADADA GmbH, Nedderfeld 112 , 22529 Hamburg, Germany
Managing Director / Publishing direction: Harald Hof
Print: Books on Demand GmbH, In de Tarpen 42, 22848 Norderstedt

koulu
makaranta

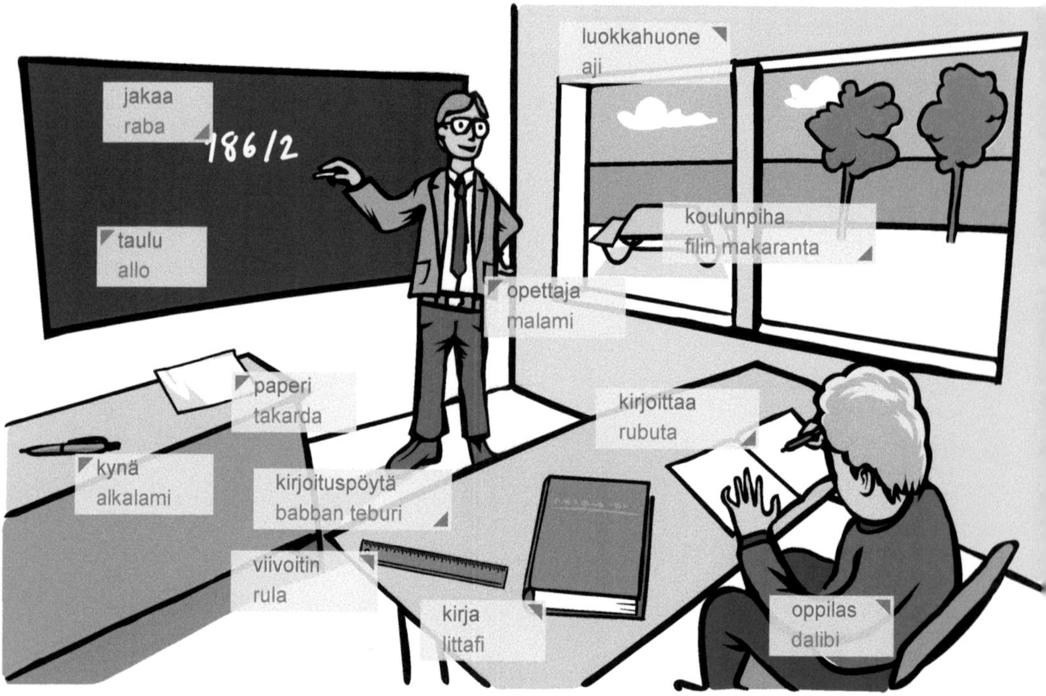

luokkahuone
aji
jakaa
raba
186/2
taulu
allo
koulunpiha
filin makaranta
opettaja
malami
paperi
takarda
kirjoittaa
rubuta
kynä
alkalami
kirjoituspöytä
babban teburi
viivoitin
rula
kirja
littafi
oppilas
dalibi

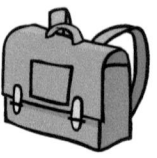

reppu

jakar makaranta

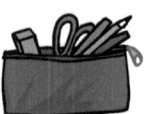

penaali

gidan fensir

lyijykynä

fensir

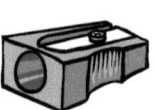

kynänteroitin

abin fike fensir

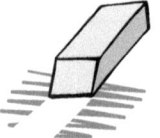

pyyhekumi

kilina

piirustuslehtiö

kwalin zane

piirustus
zane

pensseli
burushin fenti

vesivärit
gwangwanin fenti

sakset
almakashi

liima
gam

harjoituskirja
littafi aiki

kotitehtävä
aikin gida

12

luku
lamba

2+2

lisätä
kara

5-2

vähentää
debe

2×2

kertoa
yi sau

laskea
kwakuleta

A

kirjain
wasika

ABCDEFG
HIJKLMN
OPQRSTU
VWXYZ

aakkoset
harafi

hello

sana
kalma

teksti
rubutu

lukea
karanta

liitu
alli

oppitunti
darasi

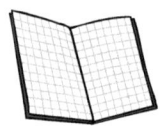

opettajan muistikirja
rijista

koe
jarabawa

todistus
satifiket

koulupuku
kayan makaranta

koulutus
ilimi

sanakirja
kundin ilimi

yliopisto
jami'a

mikroskooppi
madubin kimiyya

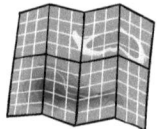

kartta
taswira

roskakori
kwandon shara

matka
bulaguro

hotelli
otal
Grand
retkeilymaja
dakunan dalibai
ROOMS
rahanvaihto
gidan canjin kudi
EXCHANGE
matkalaaukku
karamin akwati
auto
karamar mota

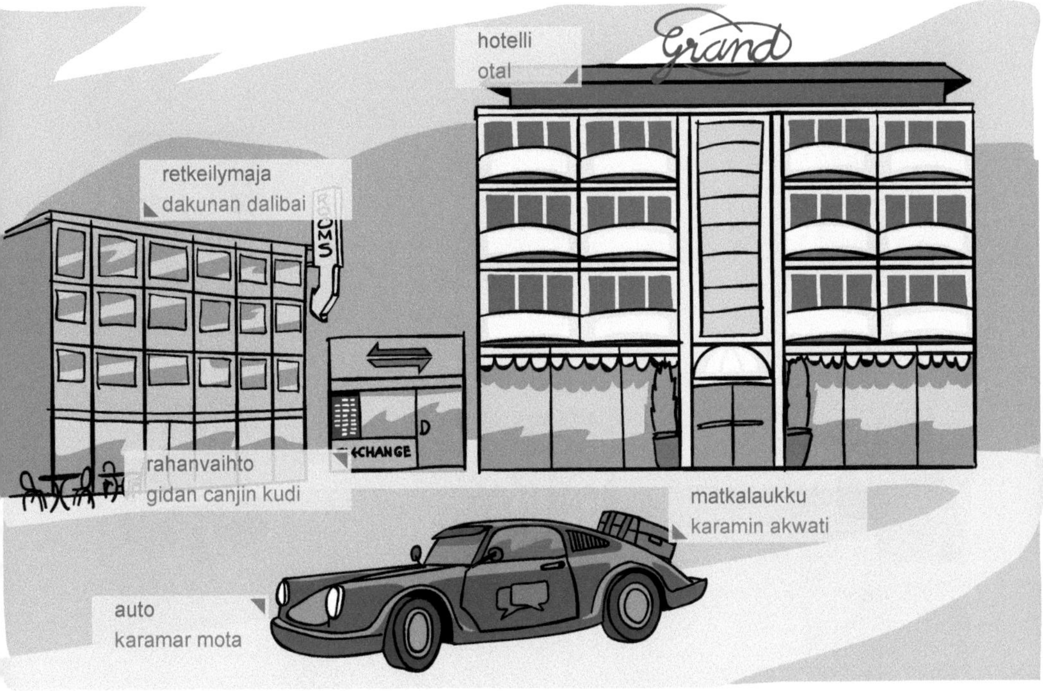

kieli

yare

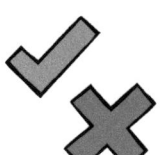

kyllä / ei

e/a'a

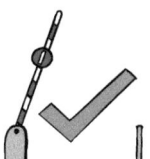

selvä

Ya yi

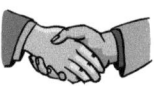

hei

barka dai

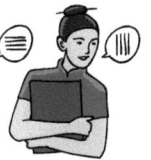

tulkki

mai fassara

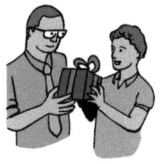

kiitos

Na gode

Paljonko...maksaa?

nawa ne...?

en ymmärrä

ban gane ba

ongelma

matsala

Hyvää iltaa!

Barka da yamma!

Hyvää huomenta!

Ina kwana!

Hyvää yötä!

barka da dare!

näkemiin

sai an jima

suunta

alkibla

matkatavarat

kaya

laukku

jaka

reppu

jakar goyawa

vieras

bako

huone

daki

makuupussi

jakar barci

teltta

tanti

turisti-info

bayanin dan yawon bude-ido

ranta

bakin ruwa

luottokortti

katin banki

aamupala

karin kumallo

lounas

abincin rana

päivällinen

abincin dare

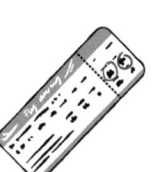

matkalippu

tikiti

hissi

daga

postimerkki

hatimi

raja

iyaka

tulli

kudin fiton kaya

suurlähetystö

ofishin jakadanci

viisumi

biza

passi

fasfo

matka - bulaguro

7

kuljetus

abin hawa

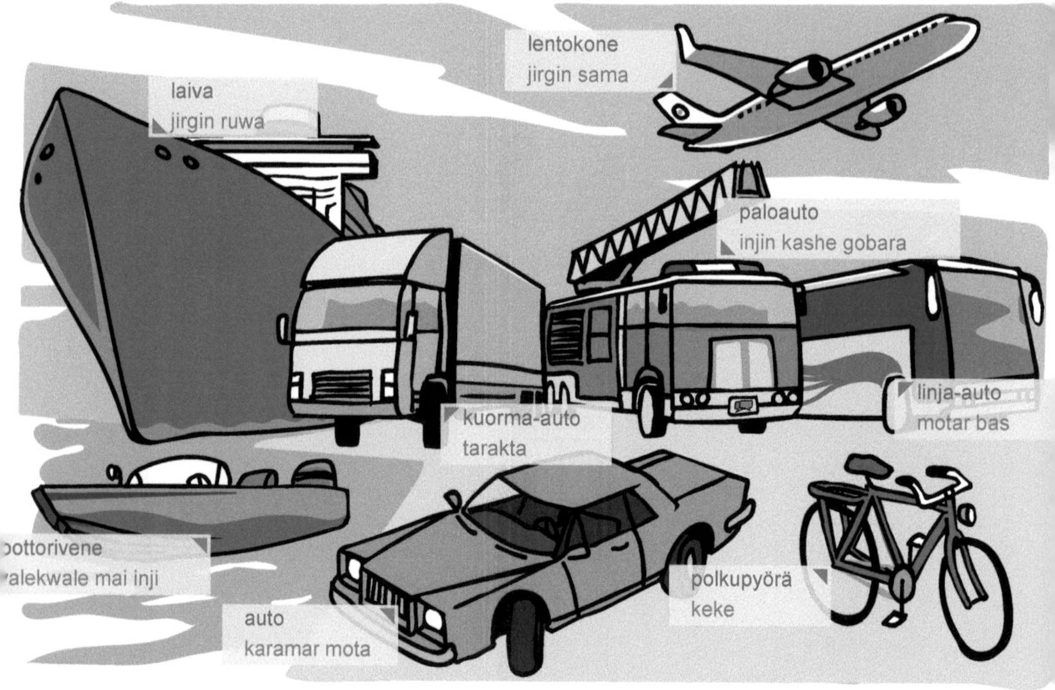

lentokone
jirgin sama
laiva
jirgin ruwa
paloauto
injin kashe gobara
linja-auto
motar bas
kuorma-auto
tarakta
ottorivene
alekwale mai inji
polkupyörä
keke
auto
karamar mota

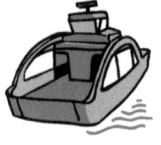

lautta

karamin jirgin ruwa

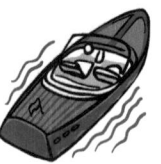

vene

kwalekwale

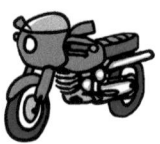

moottoripyörä

babur

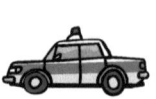

poliisiauto

motar 'yansanda

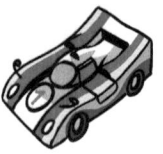

kilpa-auto

motar tsere

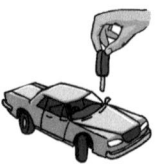

vuokra-auto

motar haya

car sharing

tarayyar karamar mota

hinausauto

babbar mota da ta lalace

roska-auto

motar shara

moottori

mota

polttoaine

mai

huoltoasema

gidan mai

liikennemerkki

alamar titi

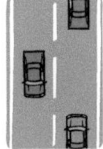

liikenne

zirga-zirga

ruuhka

cunkoson ababen hawa

parkkipaikka

wurin ajiye mota

rautatieasema

tashar jirgin kasa

raiteet

filin tsere

juna

jirgin kasa

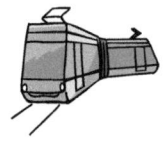

raitiovaunu

jirgin kasa mai kyabil

vaunu

keken doki

helikopteri

helikwafta

lentokenttä

filin jirgin sama

lähilennonjohto

hasumiya

matkustaja

fasinja

kontti

mazubi

pahvilaatikko

kwali

kärryt

amalanke

kori

kwando

nousta / laskea

tashi / sauka

kaupunki

birni

kylä

kauye

keskusta

tsakiyar birni

talo

gida

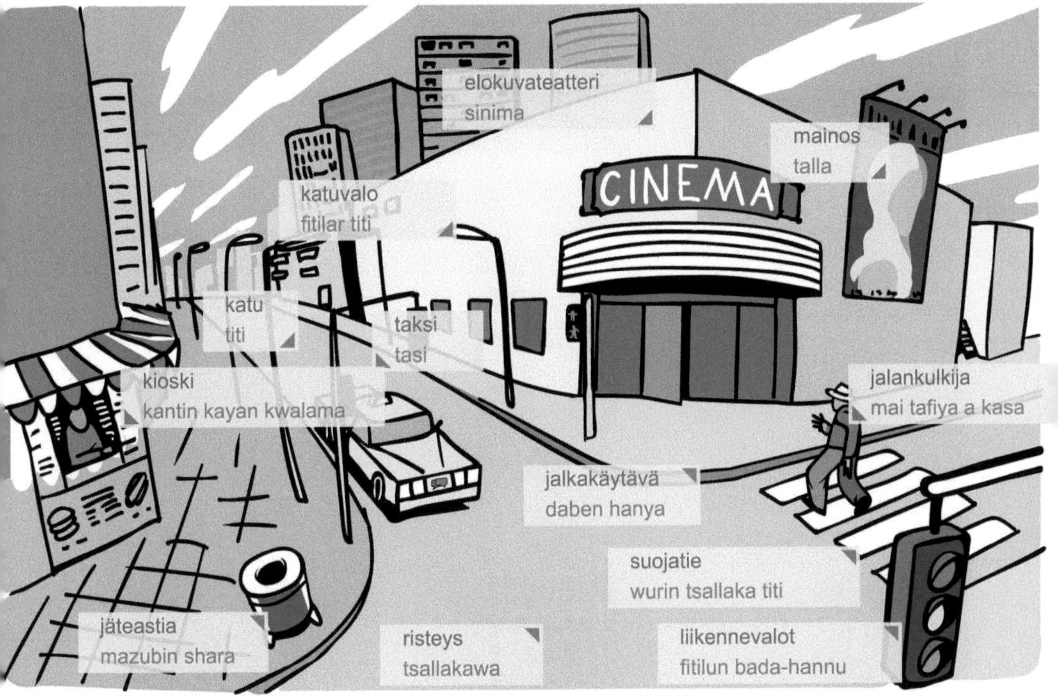

elokuvateatteri
sinima

mainos
talla

katuvalo
fitilar titi

CINEMA

katu
titi

taksi
tasi

kioski
kantin kayan kwalama

jalankulkija
mai tafiya a kasa

jalkakäytävä
daben hanya

suojatie
wurin tsallaka titi

jäteastia
mazubin shara

risteys
tsallakawa

liikennevalot
fitilun bada-hannu

mökki
bukka

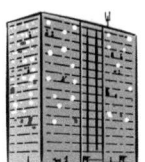

kerrostalo
shafaffe

rautatieasema
tashar jirgin kasa

kaupungintalo
dakin taro

museo
gidan kayan tarihi

koulu
makaranta

kaupunki - birni

yliopisto

jami'a

pankki

banki

sairaala

asibiti

hotelli

otal

apteekki

kantin magani

toimisto

ofis

kirjakauppa

kantin littattafai

liike

kanti

kukkakauppa

mai sayar da furanni

supermarketti

babban kanti

tori

kasuwa

tavaratalo

kanti mai sassa

kalakauppias

shagon sayar da kifi

ostoskeskus

wurin sayayya

satama

matsayar jiragen ruwa

puisto

ma'ajiyar motoci

penkki

benci

silta

gada

portaat

kafar bene

metro

karkashin kasa

tunneli

ramin karkashin kasa

linja-autopysäkki

matsayar bas

baari

mashaya

ravintola

gidan abinci

postilaatikko

akwatin sakonni

katukyltti

alamar titi

parkkimittari

mitar ajiye motoci

eläintarha

gidan namun daji

uimala

kwamin iyo

moskeija

masallaci

maatila
gona

ympäristön saastuminen
gurbata

hautausmaa
makabarta

kirkko
coci

leikkikenttä
filin wasanni

temppeli
dakin bauta

maisema
fadin kasa

lehti
ganye

tienviitta
turken alama

tie
hanya

niitty
makiyaya

kivi
dutse

puu
bishiya

retkeilijä
mai tattaki

joki
korama

ruoho
ciyawa

kukka
fure

laakso
kwazazzabo

vuori
tudu

järvi
tafki

metsä
daji

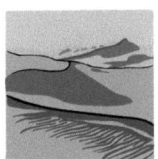

aavikko
hamada

tulivuori
amon dutse

linna
fada

sateenkaari
bakan-gizo

sieni
malafar jaki

palmu
bishiyar kwakwar manja

hyttynen
sauro

kärpänen
kuda

muurahainen
tururuwa

mehiläinen
zuma

hämähäkki
gizo

kovakuoriainen

burgunguma

sammakko

kwado

orava

kurege

siili

bushiya

jänis

zomo

pöllö

mujiya

lintu

tsuntsu

joutsen

agwagwar ruwa

villisika

aladen daji

peura

namijin barewa

hirvi

kanki

pato

dam

tuulimylly

lantarki mai iska

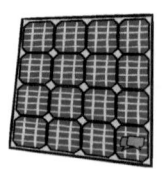

aurinkopaneeli

farantin hasken rana

ilmasto

yanayi

ravintola
gidan abinci

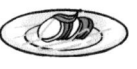

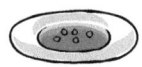

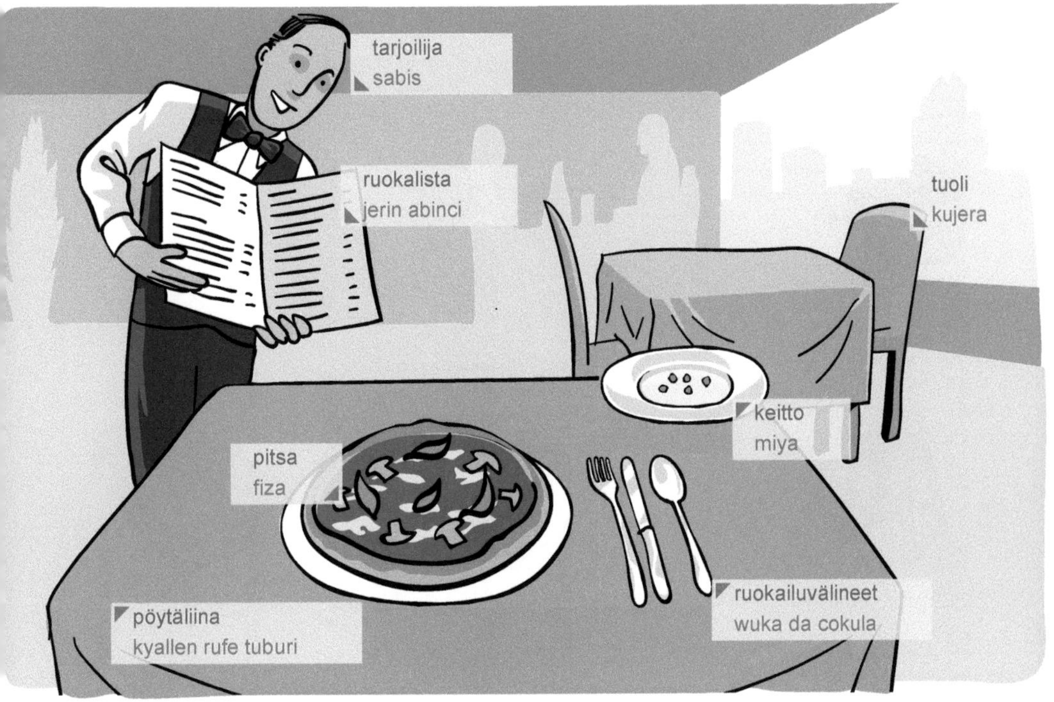

tarjoilija
sabis
ruokalista
jerin abinci
tuoli
kujera
keitto
miya
pitsa
fiza
ruokailuvälineet
wuka da cokula
pöytäliina
kyallen rufe tuburi

alkuruoka
makunni

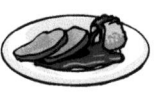

pääruoka
babban abinci

jälkiruoka
kayan zaki

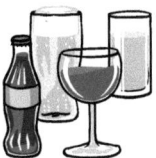

juomat
kayan sha

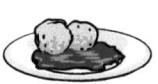

ruoka
abinci

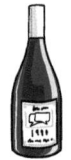

pullo
kwalba

pikaruoka

abincin tafi-da-gidanka

katuruoka

abincin titi

teekannu

tukunyar shayi

sokeriastia

kwanon sikari

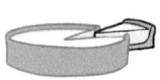

annos

gutsire

espressokeitin

injin hada kofi

syöttötuoli

kujera mai tudu

lasku

doka

tarjotin

tire

veitsi

wuka

haarukka

cokali mai yatsu

lusikka

cokali

teelusikka

cokalin shayi

servietti

kyallen cin abinci

lasi

gilashi

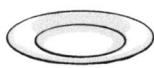

lautanen

faranti

syvä lautanen

farantin miya

aluslautanen

farantin kofi

kastike

hadin dandano

suolasirotin

mazubin gishiri

pippurimylly

abin nikan yaji

etikka

lamurje

öljy

mai

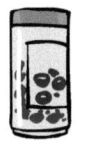

mausteet

kayan dandano

ketsuppi

miyar tumatir

sinappi

mustad

majoneesi

mayonnaise

supermarketti

babban kanti

tarjous
tayin musamman
asiakas
abokin ciniki
maitotuotteet
matatsar nono
hedelmät
kayan marmari
ostoskärryt
abin daukar kaya
FOR

BUTCHERS

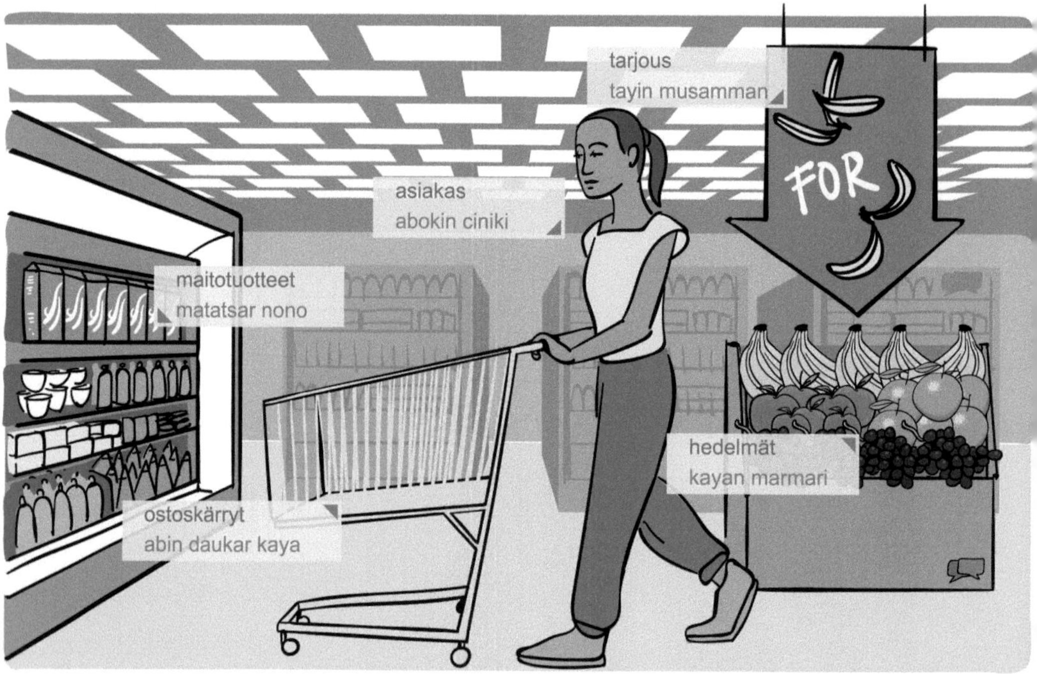

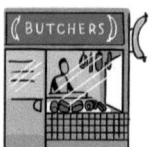

teurastamo

na mahauci

BAKERY

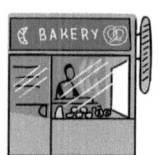

leipomo

shagon mai burodi

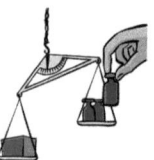

punnita

auna nauyi

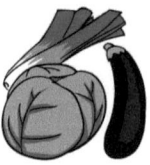

kasvikset

kayan lambu

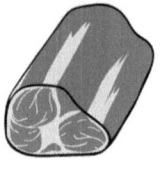

liha

nama

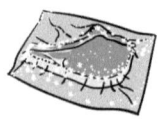

pakasteet

darkararren abinci

leikkele

nama mai sanyi

säilykkeet

abincin gwangwani

pesujauhe

garin sabulun wanki

makeiset

alewa

kotitaloustarvikkeet

kayan amfanin gida

puhdistusaineet

kayan tsafta

myyjä

mai sayarwa

kassa

haro

kassanhoitaja

mai biyan kudi

ostoslista

jerin kayan sayayya

aukioloajat

sa'o'in budewa

lompakko

alabe

luottokortti

katin banki

kassi

jaka

muovipussi

jakar roba

vesi

ruwa

mehu

ruwan 'ya'yan itace

maito

madara

kokis

coke

viini

barasa

olut

giya

alkoholi

barasa

kaakao

koko

tee

shayi

kahvi

kofi

espresso

bakin kofi

cappuccino

kofi mai madara

banaani

ayaba

omena

tufa

appelsiini

lemon zaki

meloni

kankana

sitruuna

lemon tsami

porkkana

karas

valkosipuli

tafarnuwa

bambu

gora

sipuli

albasa

sieni

kunnen-jaki

pähkinät

dangin gyada

spagetti

dangin taliya

spagetti

sufageti

riisi

shinkafa

salaatti

man salak

ranskalaiset

sala-sala

paistetut perunat

soyayyen dankali

pitsa

fiza

hampurilainen

hambaga

voileipä

sanwich

leike

kwan nama

kinkku

naman alade

salami

salami

makkara

kilishin turawa

kana

kaza

paisti

gashi

kala

kifi

kaurahiutaleet

kamun oats

mysli

muesli

murot

kwamfiles

jauho

fulawa

voisarvi

fanke

sämpylä

yankan burodi

leipä

burodi

paahtoleipä

gashi

keksit

biskit

voi

bota

rahka

man shanu

kakku

kek

kananmuna

kwai

paistettu kananmuna

soyayyen kwai

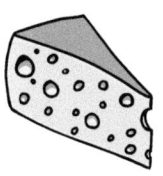

juusto

cuku

jäätelö

askirim

sokeri

sikari

hunaja

zuma

hillo

jam

suklaapähkinälevite

cakuletin shafawa

curry

kori

maatila
gona

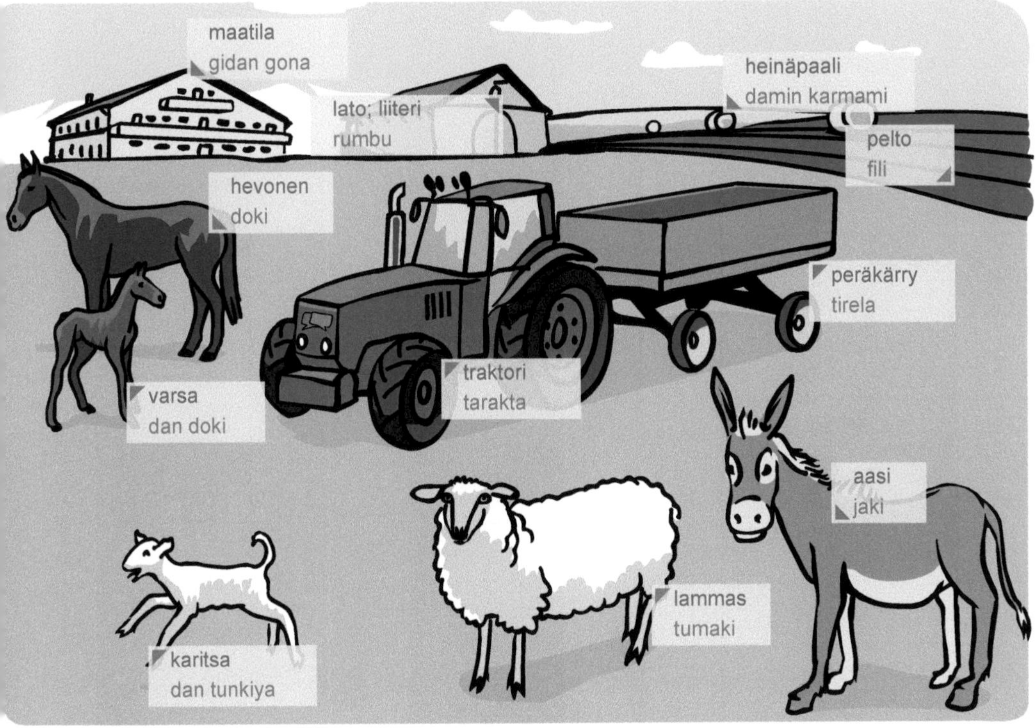
maatila
gidan gona
lato; liiteri
rumbu
heinäpaali
damin karmami
pelto
fili
hevonen
doki
peräkärry
tirela
varsa
dan doki
traktori
tarakta
aasi
jaki
lammas
tumaki
karitsa
dan tunkiya

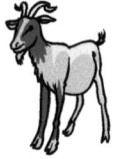

vuohi

akuya

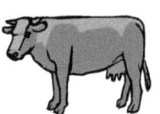

lehmä

saniya

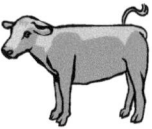

vasikka

maraki

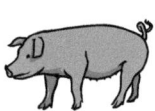

sika

alade

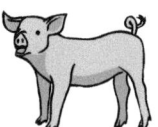

porsas

dan alade

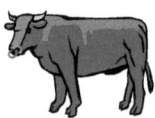

sonni

bajimi

hanhi

dinya

ankka

agwagwa

tipu

dan tsako

kana

kaza

kukko

zakara

rotta

bera

kissa

kyanwa

hiiri

bera

härkä

takarkari

koira

kare

koirankoppi

dakin kare

puutarhaletku

bututun lambu

kastelukannu

bokitin ban-ruwa

viikate

ashasha

aura

garma

sirppi

lauje

kuokka

fartanya

talikko

cebur mai yatsu

kirves

gatari

kottikärryt

wilbaro

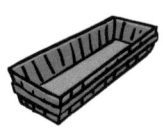

kaukalo

mazubin abincin dabbobi

maitokannu

gwangwanin madara

säkki

buhu

aita

shinge

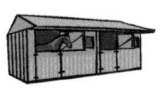

talli

barga

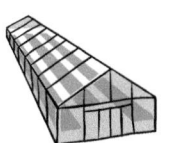

kasvihuone

koren-gida

maa

rairai

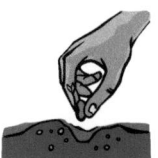

siemen

iri

lannoite

taki

leikkuupuimuri

injin girbi da sussuka

kerätä sato

girbe

sato

girbi

jamssit

doya

vehnä

alkama

soija

waken soya

peruna

dankali

maissi

dawa

rypsi

furen mai

hedelmäpuu

bishiyar kayan marmari

maniokki

rogo

vilja

hatsi

talo
gida

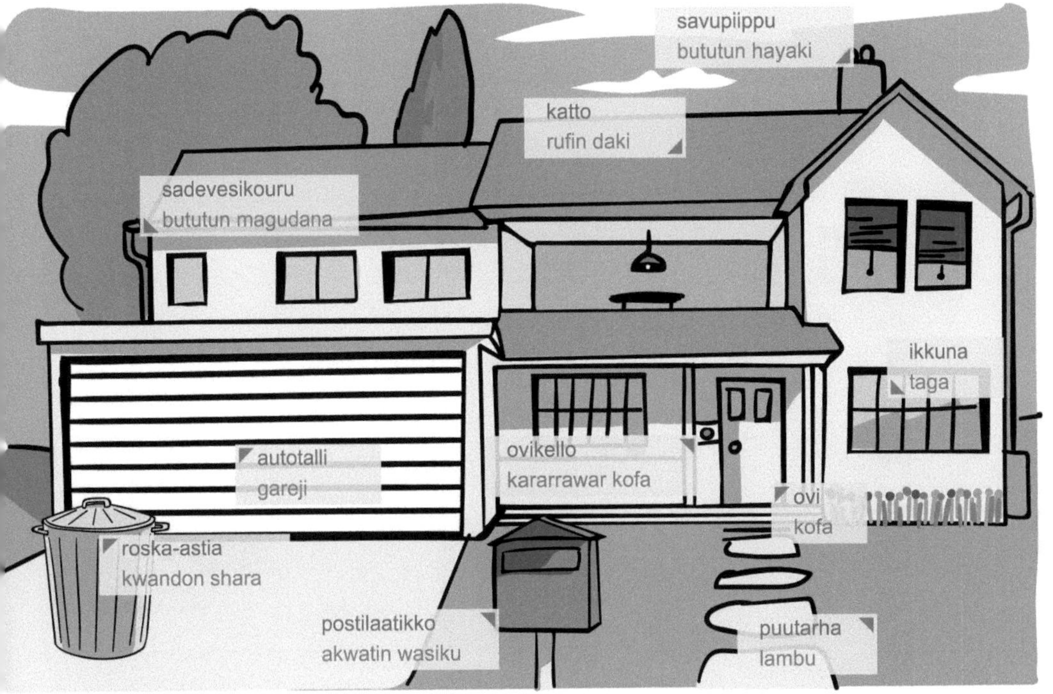

savupiippu
bututun hayaki
katto
rufin daki
sadevesikouru
bututun magudana
ikkuna
taga
autotalli
gareji
ovikello
kararrawar kofa
ovi
kofa
roska-astia
kwandon shara
postilaatikko
akwatin wasiku
puutarha
lambu

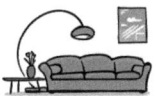

olohuone

falo

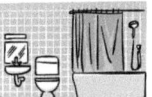

kylpyhuone

dakin wanka

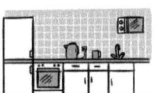

keittiö

kicin

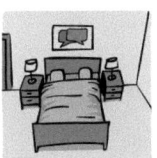

makuuhuone

dakin kwana

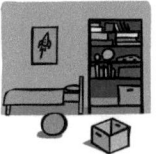

lastenhuone

dakin yaro

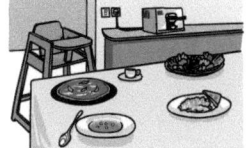

ruokahuone

dakin cin abinci

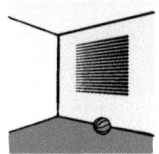

lattia

dabe

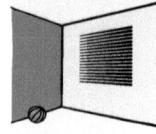

seinä

bango

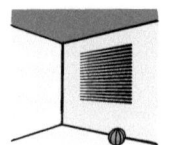

katto

sili

kellari

dakin karkashin kasa

sauna

wurin wankan dumi

parveke

barandar bene

terassi

baranda

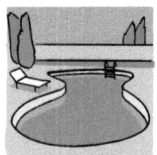

uima-allas

gulbin ninkaya

ruohonleikkuri

injin yanke ciyawa

lakana

kwano

päiväpeitto

zanen gado

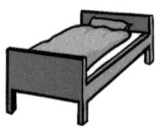

sänky

gado

harja

tsintsiya

ämpäri

bokiti

katkaisin

makunni

olohuone
falo

tapetti
takardar bango
kuva
hoto
lamppu
fitila
hylly
kantar littattafai
kaappi
kabed
televisio
talbijin
takka
wurin wuta
kukka
fure
tyyny
kushin
sohva
babbar kujera
maljakko
gilashin fure
kaukosäädin
rimot

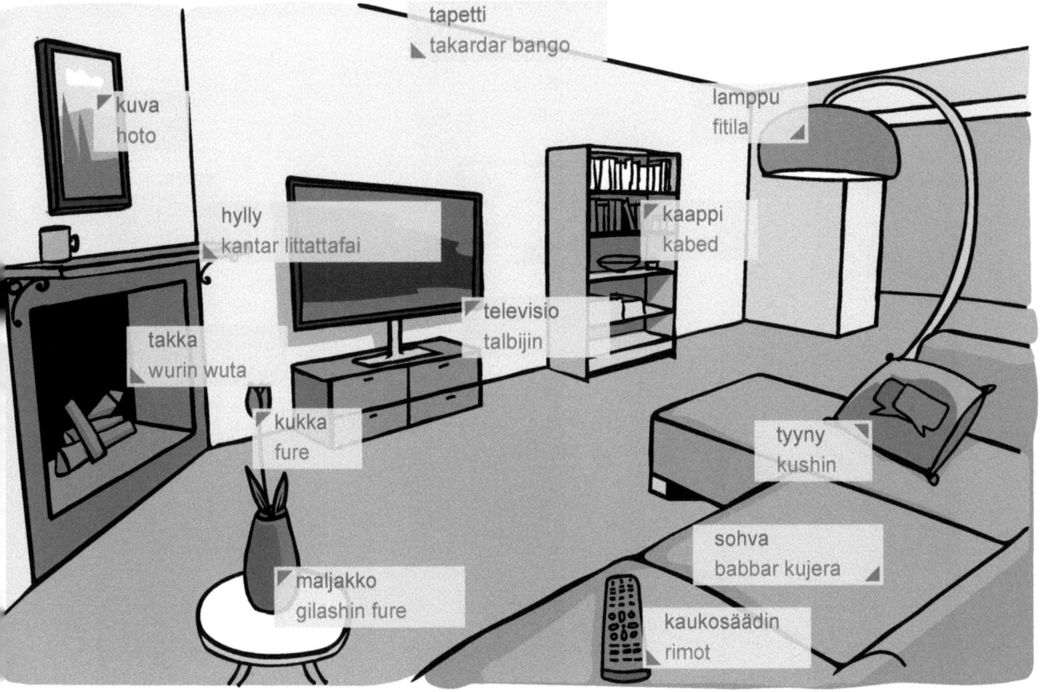

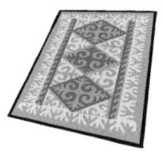

matto
darduma

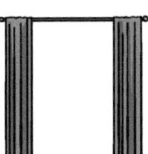

verho
labule

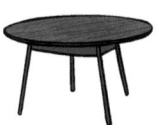

pöytä
teburi

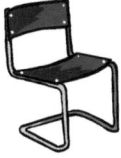

tuoli
kujera

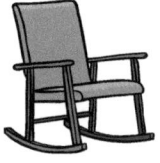

keinutuoli
kujera mai shillo

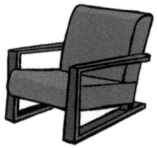

nojatuoli
kujera mai hannu

kirja

littafi

peitto

bargo

koriste

kwalliya

polttopuut

itacen girki

elokuva

fim

stereot

kayan hi-fi

avain

makulli

sanomalehti

jarida

maalaus

zanen fenti

juliste

fasta

radio

rediyo

muistivihko

takardar rubutu

pölynimuri

na'urar share darduma

kaktus

murtsunguwa

kynttilä

kyandir

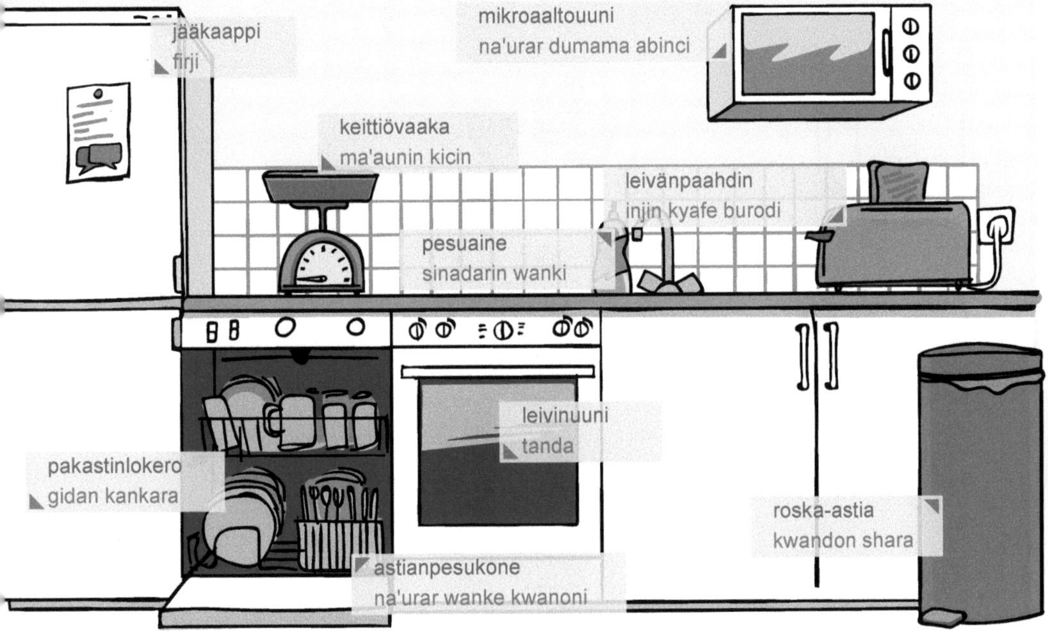

jääkaappi
firji

mikroaaltouuni
na'urar dumama abinci

keittiövaaka
ma'aunin kicin

leivänpaahdin
injin kyafe burodi

pesuaine
sinadarin wanki

pakastinlokero
gidan kankara

leivinuuni
tanda

roska-astia
kwandon shara

astianpesukone
na'urar wanke kwanoni

liesi

cooker

kattila

tukunya

rautapata

tukunyar alminiyum

vokkipannu / kadai-pannu

kwanon suya

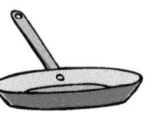

paistinpannu

kwanan suya

teepannu

buta

	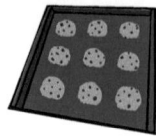	
höyrykeitin	uunipelti	astiat
tukunyar dumi	kwanan gashi	kayan tangaran

muki	kulho	syömäpuikot
tambulan	kwano	tsinkayen cin abinci

kauha	paistinlasta	vispilä
ludayi	ludayin suya	makadin kwai

siivilä	siivilä	raastin
rariya	mataci	na'urar nika

mortteli	grilli	avotuli
turmi	balangu	wutar sarari

leikkuulauta

katakon yanke-yanke

kaulin

katakon murji

korkinavaaja

mabudin kwalba

purkki

gwangwani

purkinavaaja

mabudin gwangwani

pannulappu

hannun tukunya

lavuaari

wurin wanke-wanke

tiskiharja

burushi

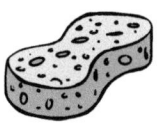

pesusieni

soso

tehosekoitin

bilenda

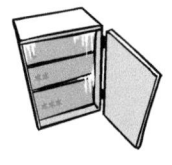

pakastin

babban gidan kankara

tuttipullo

bulumboti

vesihana

famfo

kylpyhuone
dakin wanka

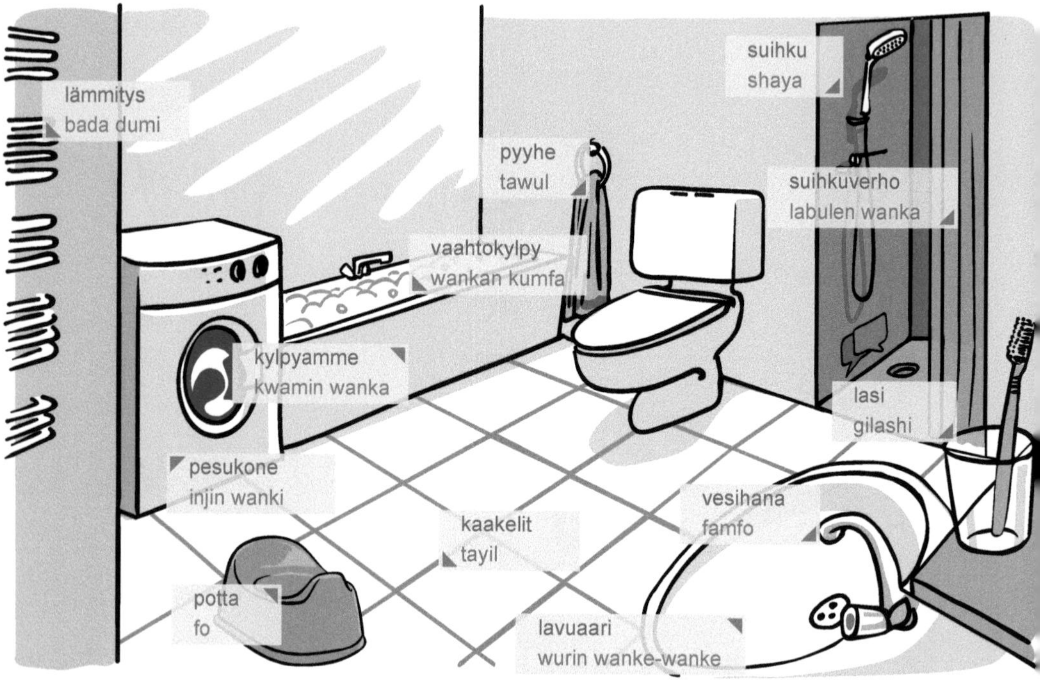

lämmitys
bada dumi
pyyhe
tawul
suihku
shaya
suihkuverho
labulen wanka
vaahtokylpy
wankan kumfa
kylpyamme
kwamin wanka
lasi
gilashi
pesukone
injin wanki
vesihana
famfo
kaakelit
tayil
potta
fo
lavuaari
wurin wanke-wanke

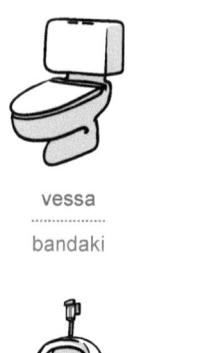

vessa
bandaki

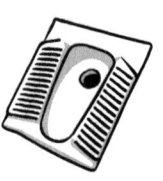

kyykkyvessa
bandakin tsuguno

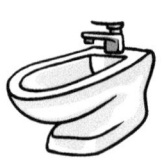

bidee
kwamin tsarki

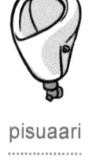

pisuaari
wurin fitsari

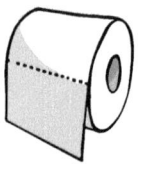

vessapaperi
takardar bandaki

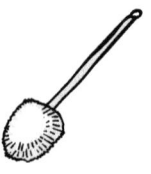

vessaharja
burushin bandaki

hammasharja

burushin hakori

hammastahna

man hakori

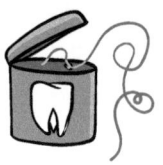

hammaslanka

zaren sakace

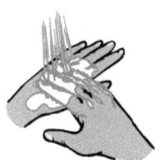

pestä

wanke

käsisuihku

shayar hannu

intiimisuihku

wankin farji

pesuvati

kwamin wanke hannu

selkäharja

burushin wanke baya

saippua

sabulu

suihkugeeli

ruwan sabulun wanka

shampoo

man gyaran gashi

pesulappu

tsumman wanka

viemäri

lambatu

voide

kirim

deodorantti

turaren kamshi

peili

madubi

käsipeili

madubin hannu

partaveitsi

reza

partavaahto

man yaran fuska

partavesi

man aski

kampa

mataji

harja

burushi

hiustenkuivaaja

na'urar busar da gashi

hiuslakka

man gashi

meikki

kwalliya

huulipuna

jan-baki

kynsilakka

man farce

pumpuli

audugar goge kunne

kynsisakset

almakashin yankan farce

hajuvesi

turare

kosmetiikkalaukku

jakar wanka

jakkara

bahaya

vaaka

ma'aunin nauyi

kylpytakki

rigar wanka

kumihansikkaat

safar roba

tamponi

audugar haila

terveysside

audugar mata

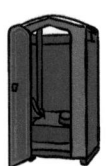

kemiallinen wc

bandakin tafi-da-gidanka

lastenhuone
dakin yaro

herätyskello
agogo mai kararrawa
pehmolelu
yartsanar tsumma
leikkiauto
motar wasan yara
helistin
kara
nukkekoti
gidan 'yartsana
lahja
kyauta

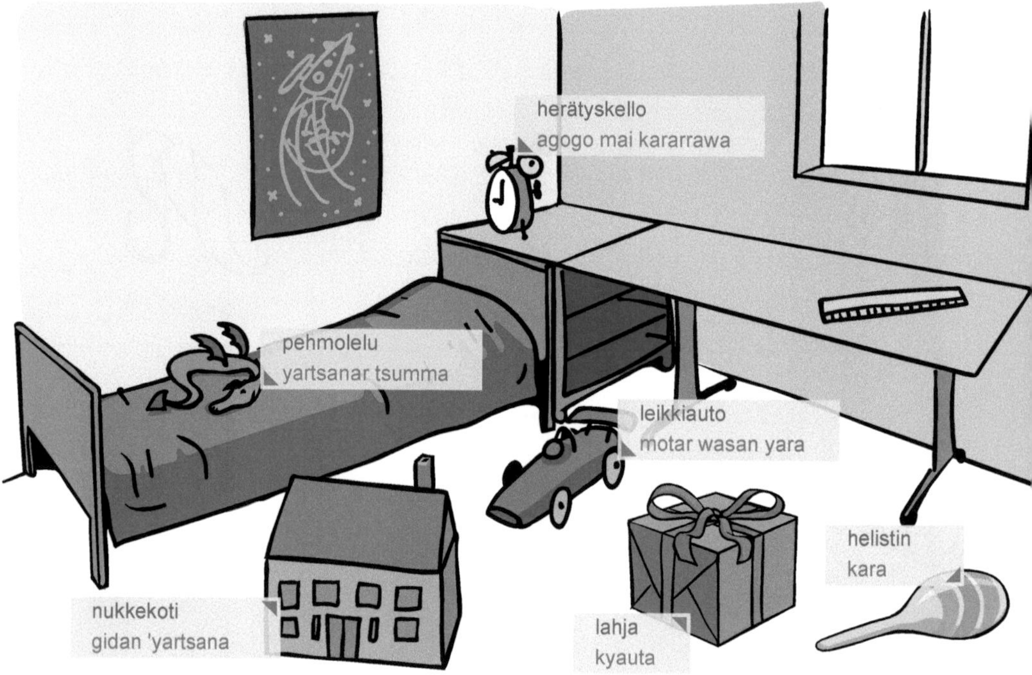

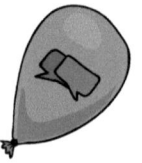

ilmapallo
balo

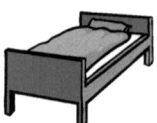

sänky
gado

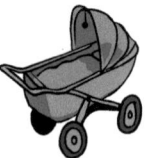

lastenvaunut
keken jarirai

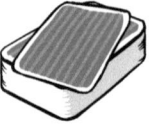

korttipeli
benen kwalaye

palapeli
wasa kwakwalwa

SUPER MEGA
sarjakuva
ban dariya

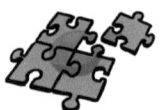

legopalikat

tubalan roba

rakennuspalikat

tubalan gini

supersankari

mutum-mai-aiki

potkupuku

rigar jariri

frisbee

Dokin iska

mobile

tafi-da-gidanka

lautapeli

wasan dara

noppa

dan ludo

pienoisjunarata

zubin kwatancin jirgin kasa

tutti

mutum-mutumi

juhlat

walima

kuvakirja

littafi mai hotuna

pallo

kwallo

nukke

yartsana

leikkiä

yi wasa

hiekkalaatikko

akwatin yashi

keinu

lilo

lelut

kayan wasan yara

pelikonsoli

allon wasannin bidiyo

kolmipyörä

babur mai taya uku

nalle

yartsanar tsumma

vaatekaappi

wadirob

vaatteet

tufafi

sukat

safa

nylonsukat

sitokins

sukkahousut

matse-jiki

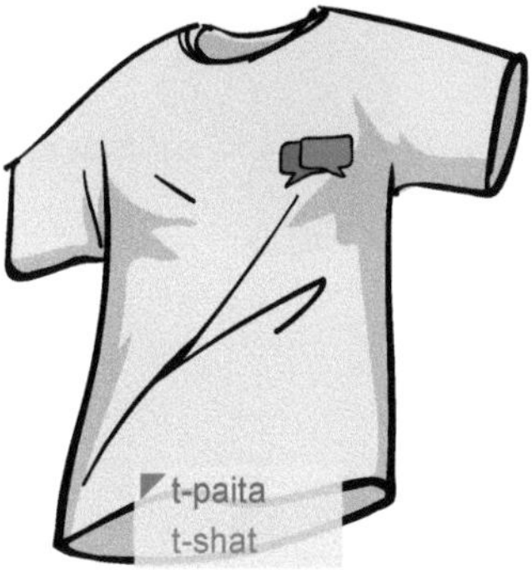

kaulaliina
adiko

sateenvarjo
lema

t-paita
t-shat

vyö
belet

saappaat
takalman aiki

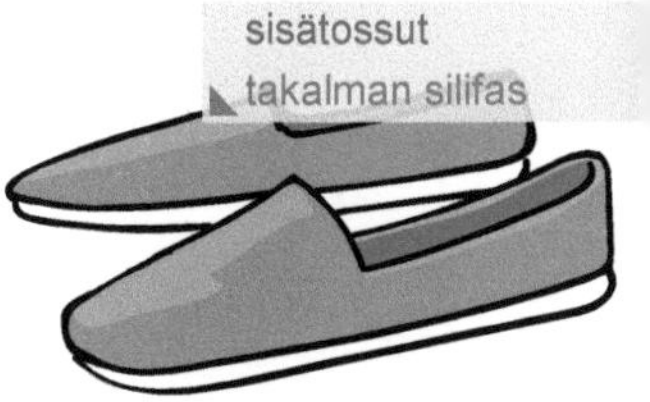

sisätossut
takalman silifas

lenkkarit
takalman wasa

sandaalit

takalman sandal

kengät

takalma

kumisaappaat

takalman roba

alushousut

kamfai

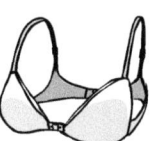

rintaliivit

rigar nono

aluspaita

falmaran

body

jiki

housut

wando

farkut

jeans

hame

dantofi

pusero

rigar mata

paita

karamar riga

villapaita

riga mai hula

collegepaita

hular riga

jakku

bileza

takki

jaket

takki

kwat

sadetakki

rigar ruwa

puku

kayan yayi

mekko

kayan sawa

hääpuku

rigar aure

puku

kwat da wando

yöpaita

rigar dare

pyjama

kayan barci

shari

sari

päähuivi

dankwali

turbaani

rawani

burka

hijabi

kaftaani

kaftani

abaya

abaya

uimapuku

rigar iyo

uimahousut

wandon wasa

shortsit

gajeran wando

verkkarit

kayan wasanni

esiliina

kyallen aiki

käsineet

safar hannu

nappi
maballi

silmälasit
tabarau

rannekoru
awarwaro

kaulakoru
tsakiya

sormus
zobe

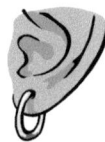

korvakoru
dan kunne

lippalakki
hula

ripustin
maratayin kwat

hattu
malafa

solmio
lakataya

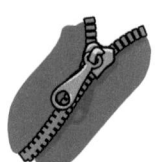

vetoketju
zi

kypärä
hular kwano

henkselit
masu daidaita hakori

koulupuku
kayan makaranta

univormu
yunifom

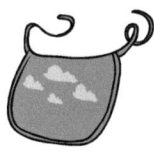

ruokalappu

kyallen cin abincin jariri

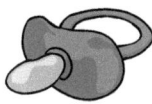

tutti

mutum-mutumi

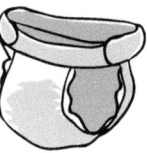

vaippa

kunzugu

toimisto

ofis

palvelin
saba
asiakirjakaappi
kabed din fayiloli
tulostin
na'urar dab'i
paperi
takarda
näyttö
fuskar kwamfuta
kirjoituspöytä
babban teburi
hiiri
mouse
kansio
makunshi
näppäimistö
allon madannai
roskakori
kwandon shara
tietokone
kwamfuta
tuoli
kujera

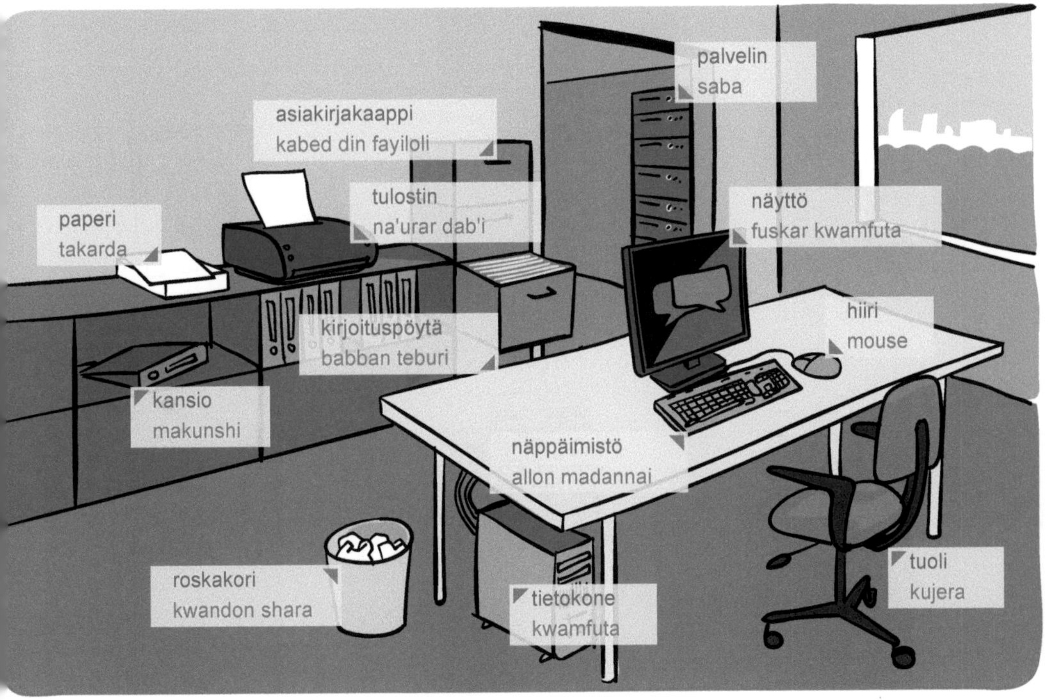

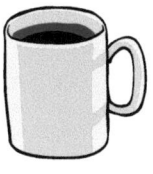

kahvimuki

tambulan kofi

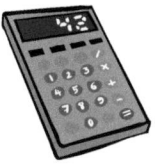

taskulaskin

kwakuleta

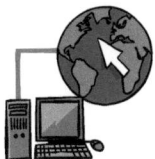

internet

intanet

kannettava tietokone

laptop

kirje

wasika

viesti

sako

kännykkä

tafi-da-gidanka

verkko

sadarwa

kopiokone

na'urar hoton takarda

ohjelmisto

kwakwalwar kwamfuta

puhelin

tarho

pistorasia

jona soket

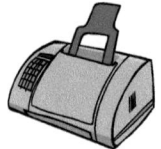

faksi

na'urar faks

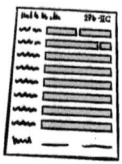

lomake

fom

asiakirja

daftari

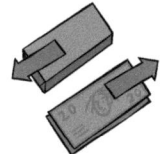

ostaa

sayi

maksaa

biya

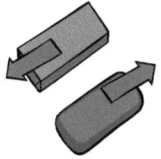

vaihtaa

yi ciniki

raha

kudi

dollari

dala

euro

euro

jeni

yen

rupla

robul

frangi

franc na Swiss

renminbi juan

renminbi yuan

rupia

rupee

pankkiautomaatti

injin bada kudi

rahanvaihto

gidan canjin kudi

kulta

zinare

hopea

azurfa

öljy

mai

energia

makamashi

hinta

farashi

sopimus

matuntuba

vero

haraji

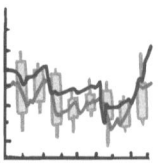

osake

kaya

työskennellä

yi aiki

työntekijä

ma'aikaci

työnantaja

mai daukar ma'aikata

tehdas

masana'anta

liike

kanti

poliisi
jami'in dansanda

palomies
ma'aikaci kashe gobara

kokki
kuku

lääkäri
likita

lentäjä
direban jirgin sama

puutarhuri
mai aikin lambu

puuseppä
kafinta

ompelija
mace mai dinki

tuomari
alkali

kemisti
mai hada magunguna

näyttelijä
jarumi

linja-autonkuljettaja

direban bas

taksinkuljettaja

direban tasi

kalastaja

masunci

siivooja

mace mai shara

katontekijä

mai aikin rufi

tarjoilija

sabis

metsästäjä

mafarauci

maalari

mai fenti

leipuri

mai yin burodi

sähköasentaja

mai gyaran lantarki

rakentaja

magini

insinööri

injiniya

teurastaja

mahauci

putkiasentaja

mai gyaran famfo

postinjakaja

mai raba wasiku

sotilas

soja

arkkitehti

mai zayyanar gidaje

kassanhoitaja

mai biyan kudi

floristi

mai sayar da furanni

kampaaja

mai gyaran gashi

konduktööri

mai kida

mekaanikko

bakanike

kapteeni

kyaftin

hammaslääkäri

likitan hakori

tiedemies

masanin kimiyya

rabbi

limamin yahudu

imaami

liman

munkki

mai ibadar kirista

pappi

malamin addini

työkalut
kayan aiki

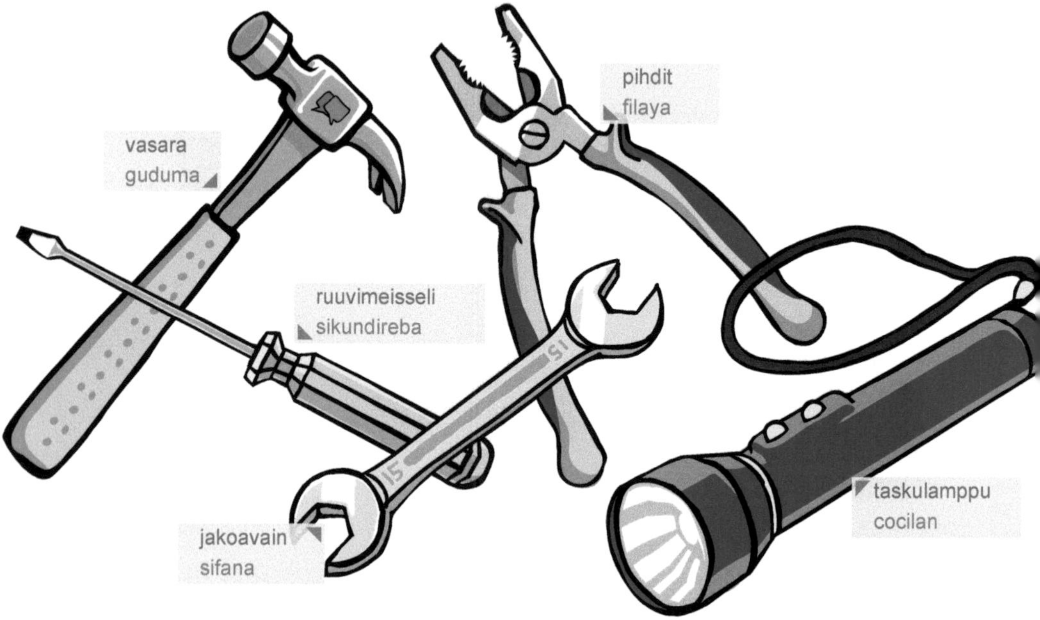

vasara
guduma
pihdit
filaya
ruuvimeisseli
sikundireba
jakoavain
sifana
taskulamppu
cocilan

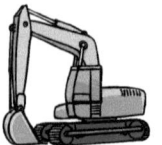

kaivinkone

diga

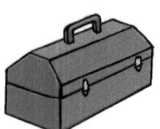

työkalupakki

akwatin kayan aiki

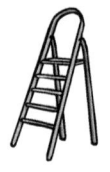

tikkaat

tsani

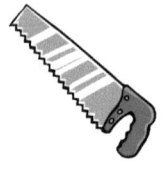

saha

zarto

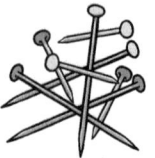

naulat

kusoshi

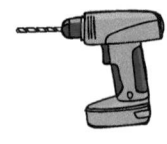

pora

abin hudawa

korjata
gyara

lapio
chebur

Hitto!
Tafdi!

rikkalapio
makwashin shara

maalipurkki
tukunyar fenti

ruuvit
kusoshi masu barima

soittimet
kayan kida

kaiuttimet
lasifika

rummut
tarkacen ganga

kitara
jita

kontrabasso
rubin sauti

trumpetti
begila

piano

fiyano

viulu

goge

basso

karamin sauti

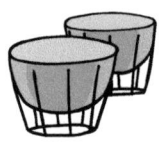

patarummut

gangunan timpani

rumpu

ganguna

kosketinsoitin

masarrafin fiyano

saksofoni

saxophone

huilu

sarewa

mikrofoni

makirfo

eläintarha

gidan namun daji

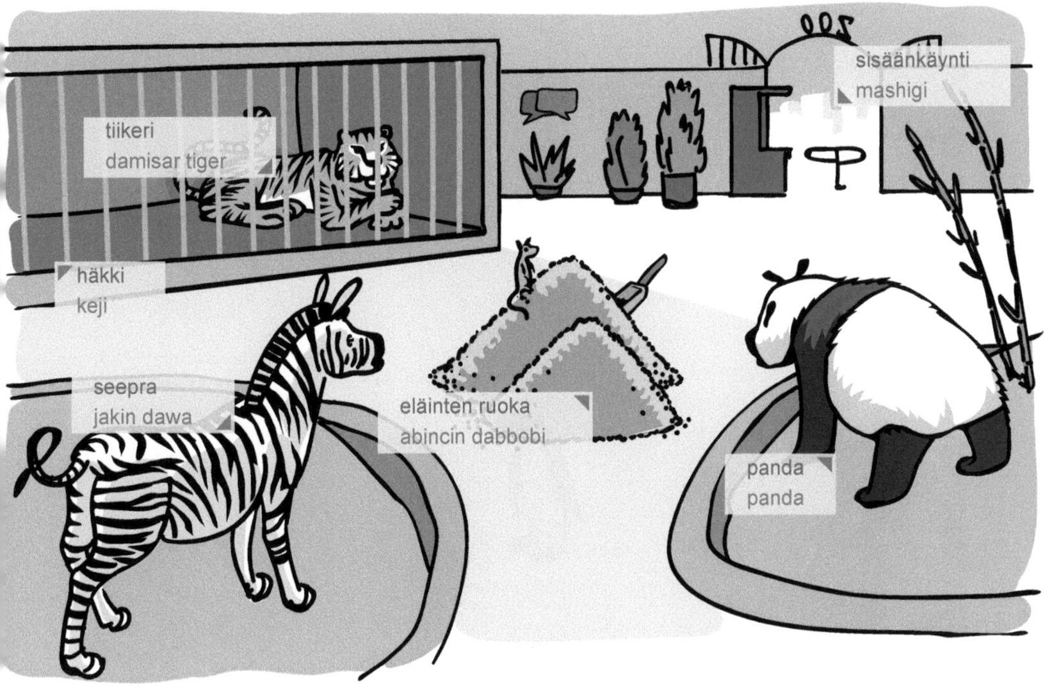
tiikeri
damisar tiger
sisäänkäynti
mashigi
häkki
keji
seepra
jakin dawa
eläinten ruoka
abincin dabbobi
panda
panda

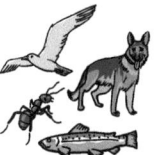

eläimet
dabbobi

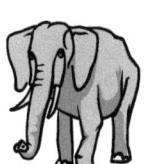

norsu
giwa

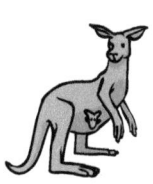

kenguru
babba-da-jaka

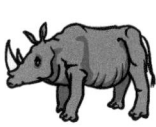

sarvikuono
karkanda

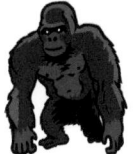

gorilla
goggon biri

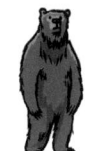

karhu
dabbar bear

kameli
rakumi

strutsi
jimina

leijona
zaki

apina
biri

flamingo
dinya

papukaija
aku

jääkarhu
bear ta yankin kankara

pingviini
penguin

hai
kifin shark

riikinkukko
dawisu

käärme
maciji

krokotiili
kada

eläintarhanhoitaja
mai tsaro zu

hylje
seal

jaguaari
damisar jaguar

poni

dukushi

leopardi

damisar leopard

virtahepo

mugun dawa

kirahvi

rakumin dawa

kotka

mikiya

villisika

aladen daji

kala

kifi

kilpikonna

kunkuru

mursu

walrus

kettu

dila

gaselli

barewa

amerikkalainen jalkapallo
kwallon kafar Amurka

pyöräily
tseren keke

tennis
wasan tennis

koripallo
kwallon kwando

uinti
ninkaya

nyrkkeily
dambe

jääkiekko
kwallon gora na cikin kank

jalkapallo
kwallon kafa

sulkapallo
badiminton

yleisurheilu
wasannin motsa jiki

käsipallo
kwallon hannu

hiihto
wasan kan kankara

poolo
kwallon dawaki

aktiviteetit
harkoki

nauraa
yi dariya
hypätä
yi tsalle
halata
rungumi
kävellä
yi tattaki
laulaa
rera waka
unelmoida
mafarki
rukoilla
yi addu'a
suudella
sumbaci

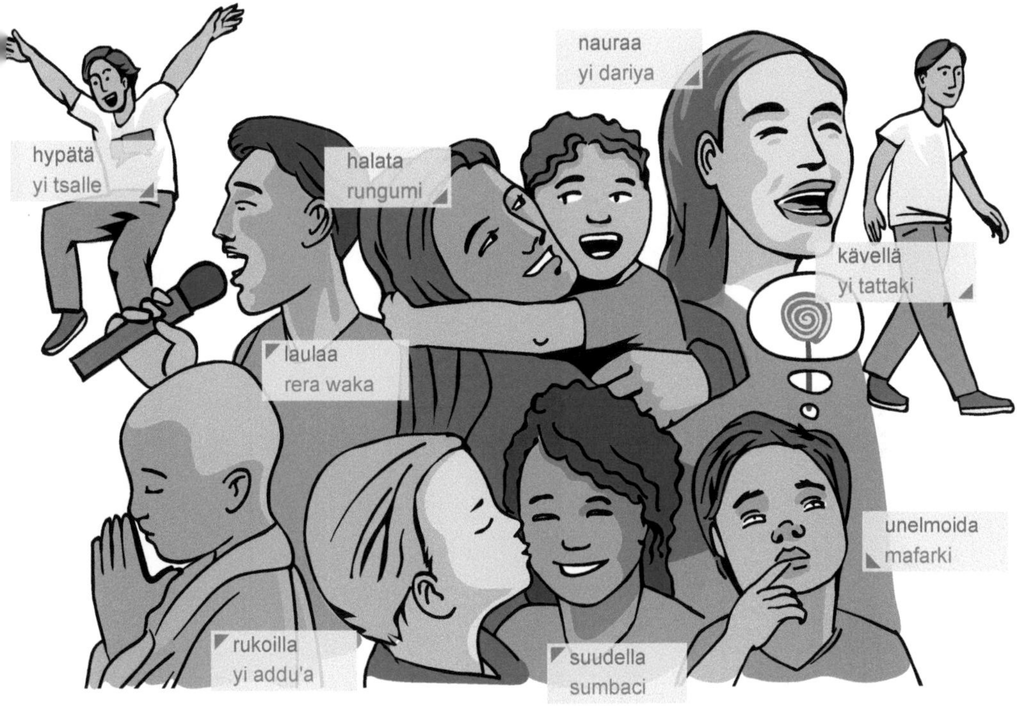

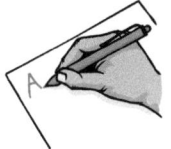

kirjoittaa

rubuta

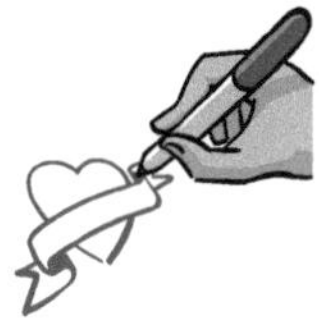

piirtää

zana

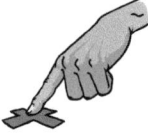

näyttää

nuna

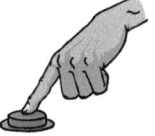

painaa

tura

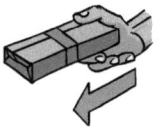

antaa

bayar

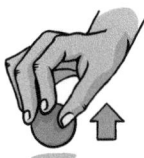

ottaa

dauki

omistaa

sami

tehdä

yi

olla

kasance

seisoa

tsaya

juosta

gudu

vetää

jawo

heittää

jefa

kaatua

faduwa

maata

yi karya

odottaa

jira

kantaa

dauki

istua

zauna

pukeutua

sanya tufafi

nukkua

yi barci

herätä

farka

katsoa

kalli

itkeä

kuka

silittää

bugi

kammata

taje

puhua

yi magana

ymmärtää

fahimci

kysyä

tambayi

kuunnella

saurari

juoda

sha

syödä

ci

siivota

tattare

rakastaa

yi soyayya

keittää

dafa

ajaa

yi tuki

lentää

tashi

purjehtia

tafi a kwalekwale

laskea

kwakuleta

lukea

karanta

oppia

koyi

työskennellä

yi aiki

mennä naimisiin

yi aure

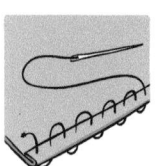

ommella

dinka

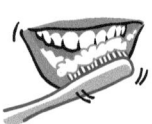

pestä hampaat

goge hakora

tappaa

kashe

tupakoida

busa taba

lähettää

aika

mummo
kaka mace

ukki
kaka namiji

isä
uba

äiti
uwa

vauva
jariri

tytär
ya

poika
da

vieras

bako

täti

gwaggo

setä

kawu

veli

dan'uwa

sisko

yar'uwa

vartalo

jiki

otsa
goshi
silmä
ido
kasvot
fuska
leuka
ha'ba
sormet
yatsa
käsi
hannu
olkapää
kafada
rinta
nono
käsivarsi
damtse
jalka
kafa

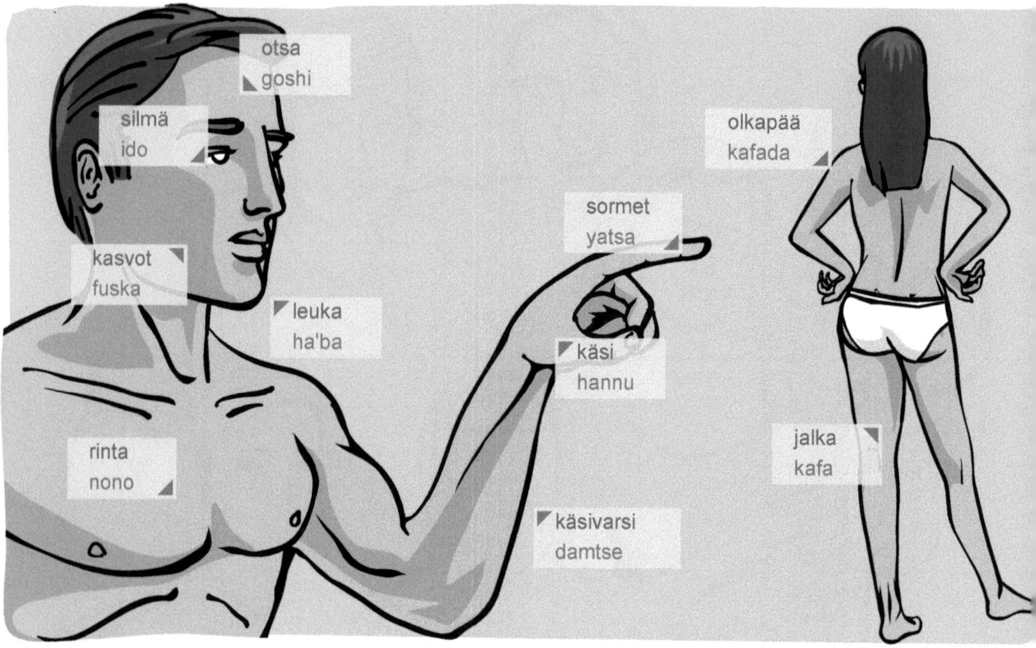

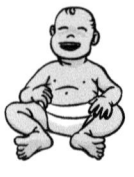

vauva
jariri

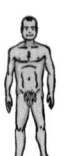

mies
mutum

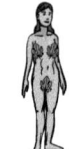

nainen
mace

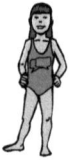

tyttö
yarinya

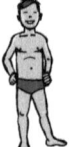

poika
yaro

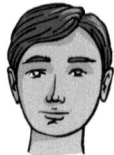

pää
kai

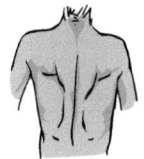

selkä
baya

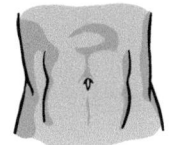

maha
tulun ciki

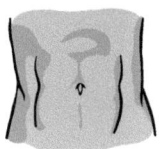

napa
maballin ciki

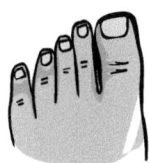

varvas
yatsan kafa

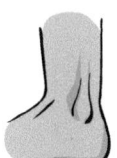

kantapää
dudduge

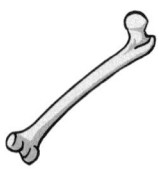

luu
kashi

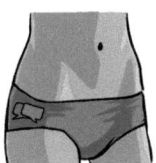

lantio
kugu

polvi
guiwa

kyynärpää
guiwar hannu

nenä
hanci

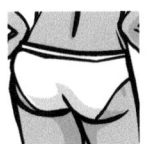

takapuoli
kasa

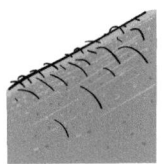

iho
fata

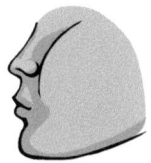

poski
kumatu

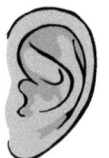

korva
kunne

huuli
lebe

suu

wata

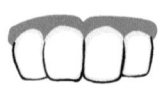

hammas

hakori

kieli

harshe

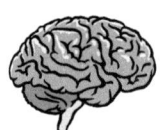

aivot

kwakwalwa

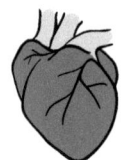

sydän

zuciya

lihas

kwanji

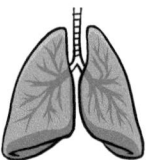

keuhkot

huhu

maksa

hanta

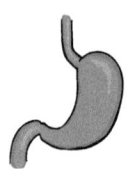

vatsa

ciki

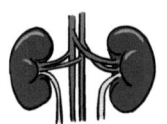

munuaiset

koda

seksi

jima'i

kondomi

kwaroron roba

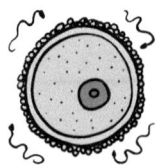

munasolu

kwan mahaifa

sperma

maniyyi

raskaus

juna-biyu

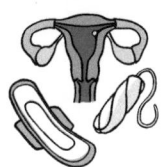		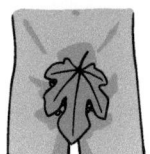
kuukautiset	vagina	penis
haila	farji	zakari
		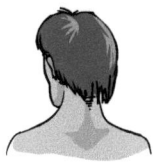
kulmakarvat	hiukset	niska
gira	gashi	wuya

sairaala
asibiti

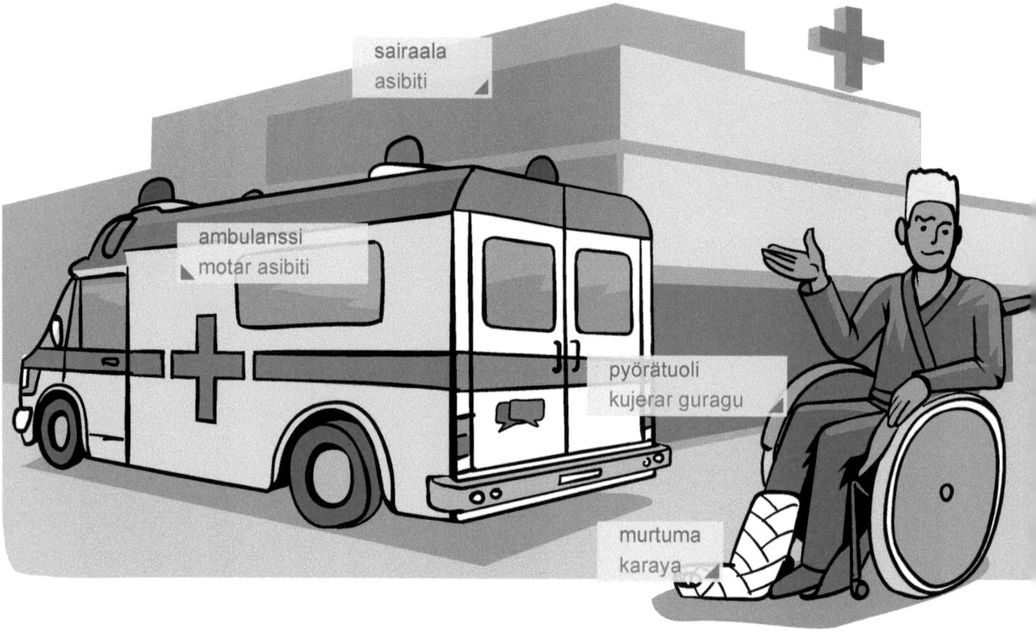

sairaala
asibiti
ambulanssi
motar asibiti
pyörätuoli
kujerar guragu
murtuma
karaya

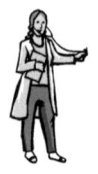

lääkäri

likita

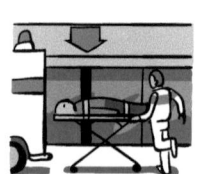

ensiapu

dakin kulawar gaggawa

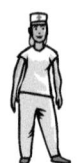

sairaanhoitaja

ma'aikaciyar jinya

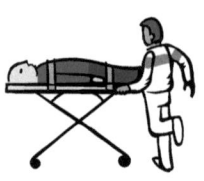

hätätilanne

na gaggawa

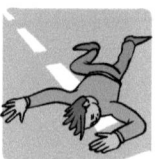

tajuton

magashiyyan

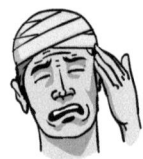

kipu

radadi

vamma

rauni

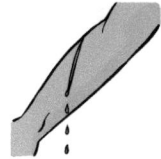

verenvuoto

zubar jini

sydänkohtaus

bugun zuciya

aivoinfarkti

bugun jini

allergia

kyan-jiki

yskä

tari

kuume

zazzabi

flunssa

mura

ripuli

gudawa

päänsärky

ciwon kai

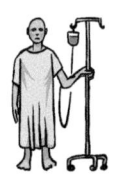

syöpä

cutar sankara

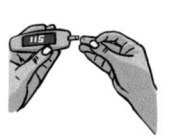

diabetes

ciwon suga

kirurgi

likitan tiyata

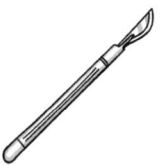

veitsi

wukar likita

leikkaus

tiyata

sairaala - asibiti

ct
CT

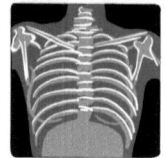

röntgen
hoton kirji

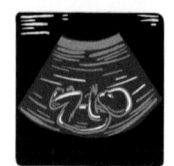

ultraääni
hoton ciki

maski
marufin fuska

sairaus
cuta

odotushuone
dakin jira

sauva
madogari

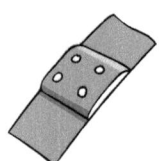

laastari
filasta

side
bandeji

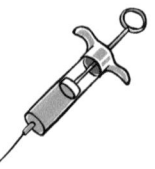

pistos
allura

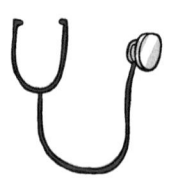

stetoskooppi
na'urar awon zuciya

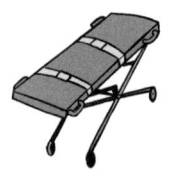

paarit
gadon daukar marar lafiya

kuumemittari
na'urar auna zafin jiki

syntymä
haihuwa

ylipaino
yawan nauyi

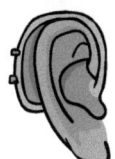

kuulolaite

abin kara ji

desinfiointiaine

sinadarin kashe kwayoyin cuta

infektio

kamuwar cuta

virus

kwayar cuta

HIV / AIDS

Cutar Kanjamau

lääke

magani

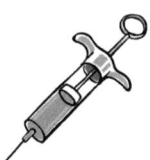

rokotus

riga-kafi

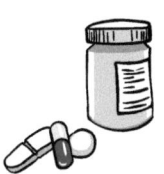

tabletit

kwayoyin magani

pilleri

magani

hätäpuhelu

kiran gaggawa

verenpainemittari

ma'aunin hawan jini

sairas / terve

cuta / lafiya

Apua! Taimako!	 hälytys kararrawa	 ryöstö farmaki
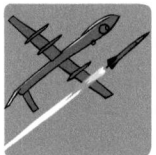 hyökkäys hari	 vaara hatsari	 hätäuloskäynti kofar ko-takwana
Tulipalo! Wuta!	 palosammutin abin kashe wuta	 onnettomuus hadari
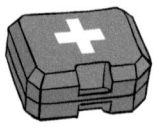 ensiapulaukku kayan taimakon gaggawa	 SOS Neman taimako	 poliisilaitos dansanda

Eurooppa

Turai

Pohjois-Amerikka

Amurka ta Arewa

Etelä-Amerikka

Amurka ta Kudu

Afrikka

Afirka

Aasia

Asiya

Australia

Australia

Atlantin valtameri

Atlantika

Tyynimeri

Pacific

Intian valtameri

Tekun Indiya

Eteläinen jäämeri

Tekun Antatika

Pohjoinen jäämeri

Tekun Arctic

pohjoisnapa

Barin duniya na Arewa

etelänapa

Barin duniya na Kudu

Antarktis

Antatika

maa

Kasa

maa

tsandauri

meri

kogi

saari

tsibiri

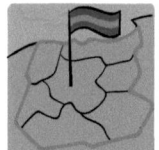

kansa

kasa

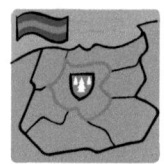

osavaltio

jiha

kellotaulu

fuskar agogo

tuntiviisari

hannun awa

minuuttiviisari

hannun mintuna

sekuntiviisari

hannun dakika

Paljonko kello on?

Karfe nawa yanzu?

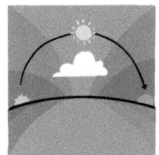

päivä

rana

aika

lokaci

nyt

yanzu

digitaalikello

agogon dijita

minuutti

minti

tunti

awa

viikko

mako

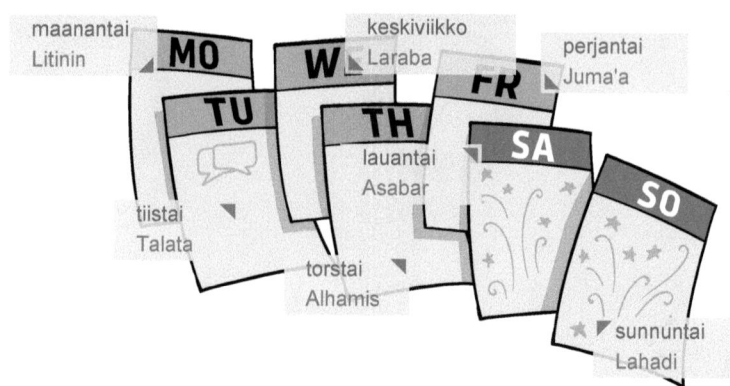

maanantai
Litinin

keskiviikko
Laraba

perjantai
Juma'a

lauantai
Asabar

tiistai
Talata

torstai
Alhamis

sunnuntai
Lahadi

eilen
jiya

tänään
yau

huomenna
gobe

aamu
safiya

keskipäivä
tsakar rana

ilta
yamma

MO	TU	WE	TH	FR	SA	SU
1	2	3	4	5	6	7
8	9	10	11	12	13	14
15	16	17	18	19	20	21
22	23	24	25	26	27	28
29	30	31	1	2	3	4

työpäivät
ranakun kasuwanci

MO	TU	WE	TH	FR	SA	SU
1	2	3	4	5	6	7
8	9	10	11	12	13	14
15	16	17	18	19	20	21
22	23	24	25	26	27	28
29	30	31	1	2	3	4

viikonloppu
karshen mako

sade
ruwan sama

sateenkaari
bakan-gizo

lumi
dusar kankara

tuuli
iska

kevät
damina

syksy
Kaka

kesä
bazara

talvi
lokacin sanyi

4.APRIL	11°	☀
5.APRIL	4°	☁
6.APRIL	13°	☂
7.APRIL	8°	❄
8.APRIL	10°	☀

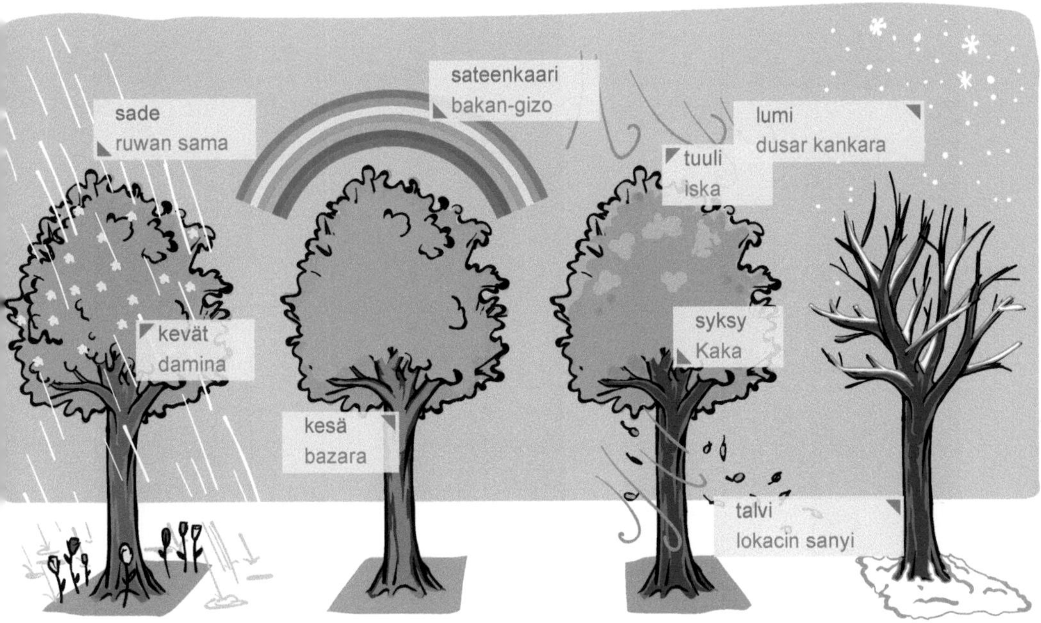

sääennuste

hasashen yanayi

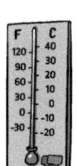

lämpömittari

na'urar gwajin zafi da sanyi

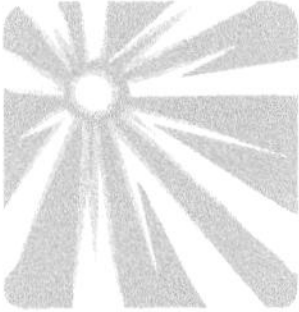

auringonpaiste

hasken rana

pilvi

gajimare

sumu

hazo

ilmankosteus

dumi

salama

walkiya

ukkonen

aradu

myrsky

guguwa

rae

kankarar ruwan sama

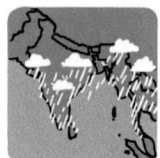

monsuuni

iskar bazara

tulva

ambaliyar ruwa

jää

kankara

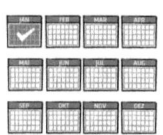

tammikuu

Janairu

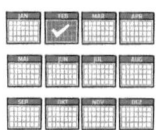

helmikuu

Fabarairu

maaliskuu

Maris

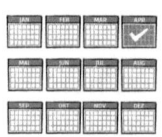

huhtikuu

Afirilu

toukokuu

Mayu

kesäkuu

Yuni

heinäkuu

Yuli

elokuu

Agusta

vuosi - shekara

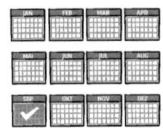

syyskuu
....
Satumba

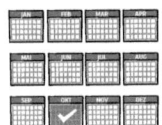

lokakuu
....
Oktoba

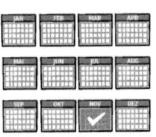

marraskuu
....
Nuwamba

joulukuu
....
Disamba

muodot
siffofi

ympyrä
....
da'ira

neliö
....
murabba'i

suorakulmio
....
kusurwa hudu

kolmio
....
kusurwa uku

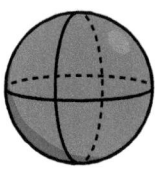

pallo
....
mulmulalle

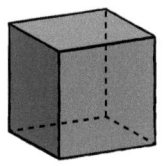

kuutio
....
dunkule

valkoinen

fari

keltainen

rawaya

oranssi

ruwan lemo

vaaleanpunainen

ruwan shanshanbali

punainen

ja

violetti

garura

sininen

shudi

vihreä

kore

ruskea

ruwan kasa

harmaa

ruwan toka

musta

baki

paljon / vähän

da yawa / kadan

vihainen / ystävällinen

fushi / nutsuwa

kaunis / ruma

kyakkyawa / mummuna

alku / loppu

farko / karshe

suuri / pieni

babba / karami

vaalea / tumma

mai haske / mai duhu

veli / sisko

dan uwa / 'yar uwa

puhdas / likainen

mai tsafta / kazami

täydellinen / epätäydellinen

cikakke / maras cika

päivä / yö

rana / dare

kuollut / elävä

matacce / mai rai

leveä / kapea

mai fadi / matsattse

syötävä / syömäkelvoton

na ci / ba na ci ba

paha / kiltti

mugu / mai tausayi

innostunut / tylsistynyt

mai karsashi / gajiyayye

lihava / laiha

kakkaura / siriri

ensimmäinen / viimeinen

na farko / na karshe

ystävä / vihollinen

aboki / makiyi

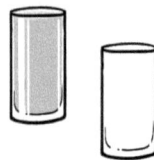

täysi / tyhjä

cikakke / holoko

kova / pehmeä

mai tauri / mai laushi

painava / kevyt

mai nauyi / marar nauyi

nälkä / jano

yunwa / kishin ruwa

sairas / terve

cuta / lafiya

laiton / laillinen

haramtacce / halastacce

älykäs / tyhmä

mai basira / dakiki

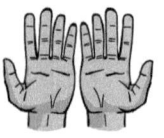

vasen / oikea

hagu / dama

lähellä / kaukana

kusa / nesa

uusi / käytetty

sabo / na-hannu

ei mitään / jotain

ba komai / wani abu

vanha / nuori

tsoho / yaro

päällä / pois päältä

kunna / kashe

auki / kiinni

a bude / a rufe

hiljainen / äänekäs

shiru / kara

rikas / köyhä

mai arziki / talaka

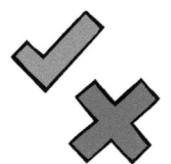

oikein / väärin

daidai / bata

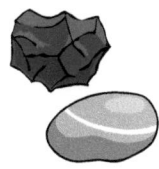

karhea / sileä

mai kaushi / mai santsi

surullinen / iloinen

bakin ciki / farin ciki

lyhyt / pitkä

gajere / dogo

hidas / nopea

a sannu / da sauri

märkä / kuiva

jikakke / busasshe

lämmin / viileä

dumi / sanyi

sota / rauha

yaki / zaman lafiya

0

nolla

sifili

1

yksi

daya

2

kaksi

biyu

3

kolme

uku

4

neljä

hudu

5

viisi

biyar

6

kuusi

shida

7

seitsemän

bakwai

8

kahdeksan

takwas

9

yhdeksän

tara

10

kymmenen

goma

11

yksitoista

goma sha daya

12

kaksitoista

goma sha biyu

13

kolmetoista

goma sha uku

14

neljätoista

goma sha hudu

15

viisitoista

goma sha biyar

16

kuusitoista

goma sha shida

17

seitsemäntoista

goma sha bakwai

18

kahdeksantoista

goma sha takwas

19

yhdeksäntoista

goma sha tara

20

kaksikymmentä

ashirin

100

sata

dari

1.000

tuhat

dubu

1.000.000

miljoona

miliyan

englanti

Turanci

amerikanenglanti

Turancin Amurka

mandariinikiina

Mandarin na China

hindi

Hindi

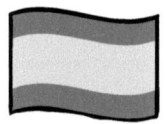

espanja

Sifaniyanci

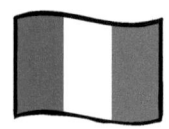

ranska

Faransanci

arabia

Larabci

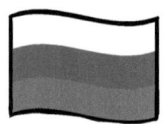

venäjä

Yaren Rasha

portugali

Yaren Portugal

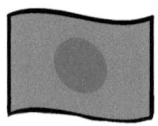

bengali

Bengali

saksa

Yaren Jamus

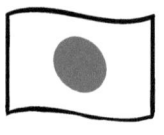

japani

Yaren Japan

minä

ni

sinä

kai

hän

shi / ita / ita

me

mu

te

ku

he

su

kuka?

wa?

mitä / mikä?

me?

miten?

ya ya?

missä?

a ina?

milloin?

yaushe?

nimi

suna

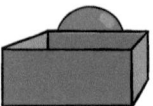

takana

a baya

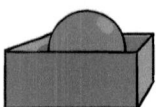

sisällä

a ciki

edessä

a gaban

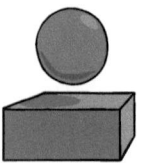

yläpuolella

saman

päällä

akai

alapuolella

karkashi

vieressä

a gefe

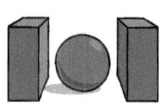

välissä

a tsakani

paikka

wuri